AF359218

# SUPPLÉMENT

## AU VOYAGE

## DE M. SONNERAT

### DANS LES INDES

### ORIENTALES ET A LA CHINE.

#### PAR UN ANCIEN MARIN.

*AMICA VERITAS.*

A AMSTERDAM;

*Et se trouve à PARIS,*

Chez CLOUSIER, Imprimeur-Libraire, rue
de Sorbonne.

Et chez les Marchands de Nouveautés.

1785.

# *AVANT-PROPOS.*

Le Voyage de M. Sonnerat a été annoncé avec emphafe, & d'abord reçu avec empreffement. Quand un Ouvrage eft rendu public, chacun acquiert le droit de l'examiner & en dire fon avis, exempt de toute perfonnalité. J'en fis au commencement de 1783, une efpèce de critique, qui, à mon infu, fut envoyée à Paris, où elle a paru par parties dans plufieurs Journaux eftimés. L'on m'affure que les perfonnes qui ont cherché dans ce Voyage de vraies connoiffances, verroient avec plaifir cette Lettre imprimée, fur-tout, fi, fans rien changer à la forme, qui a été goûtée, j'embraffois un plus grand nombre d'articles propres à intéreſſer la curioſité, & à être facilement appréciés, ſans avoir été à ſix mille lieues. Moi Auteur! L'idée eſt neuve; j'y conſens pour quelques heures; mais avant tout, je demande grâce pour mon ſtyle, c'eſt celui d'un Marin qui n'a jamais correſpondu qu'avec des Amis, des Maitreſſes & des Armateurs.

# SUPPLÉMENT
## AU VOYAGE
## DE M. SONNERAT.

*A l'Orient ce 10 Septembre 1783 (1).*

Vous me preſſez, Monſieur, de vous marquer mon opinion ſur le Voyage de M. Sonnerat : j'en ai fait ſept au delà du Cap de Bonne-Eſpérance ; & dans des ſéjours, dont deux aſſez longs, j'ai été à portée d'acquérir quelques notions ſur pluſieurs des articles dont il parle ; mais beaucoup de perſonnes de cette ville connoiſſent mieux que moi ces contrées où elles ont réſidé. Vous faire part de leur ſentiment, ce ſera vous

(1) Un Voyage a empêché ce petit écrit de paroître plutôt.

A 3

avouer le mien. La majeure partie de cet Ouvrage
eſt, dit-on, triviale ou erronée, ou priſe dans
d'autres Auteurs. Une approbation du plus grand
poids paroît en tête : mais il n'eſt point étonnant que ſur des objets, entrevus de ſi loin, un
ton décidé, un ſtyle aiſé, & de l'exactitude dans
la partie de l'Hiſtoire Naturelle, aient ſurpris
les ſuffrages de Savans, dont tous les momens
ſont conſacrés à des travaux d'un genre ordinaire-
ment très-différent. Voyons les pièces du procès,
elles ſont de nature à piquer la curioſité.

Par le proſpectus de ce Voyage publié en 1781,
M. Sonnerat avoit communiqué au Public les
raiſons pour leſquelles avant lui l'on avoit eu ſi
peu de relations tolérables, particuliérement de
l'Inde : c'eſt qu'il n'étoit poſſible d'acquérir des
connoiſſances auſſi difficiles, *que par un long ſé-
jour, que par des habitudes contractées dans les
différentes Caſtes, par l'intelligence des diverſes
dialectes du pays, par la lecture des Livres ſacrés,
&c. Tels ſont les moyens à la faveur deſquels* il
déclare avoir raſſemblé ſes richeſſes littéraires.

Le Tome premier ne traite que de l'Inde ; le
ſecond doit donner des idées plus juſtes *de la
la Chine, du Pegu, de Madagaſcar, des Iſles de
France & de Bourbon, de Ceylan, des Maldives,
du Cap de Bonne-Eſpérance, de la preſqu'Iſle
de Malacca, des Philippines, des Moluques ; des
Quadrupedes, oiſeaux & plantes* appartenans

à ces contrées. Quelle vaste carrière ! Et ce qu'il y a de merveilleux, c'est que pour rassembler des connoissances qui eussent exigé au moins la vie de dix autres Savans, quatre à cinq ans ont suffi à cet Auteur, sans prendre sur les occupations de son état. En effet, le frontispice des deux Tomes annonce qu'il est *parti de France en 1774*. Or, ayant été fait prisonnier *au Siége de Pondichéry en 1778*, il se mit alors en route pour revenir en Europe.

Tous ceux de qui M. Sonnerat est connu, estiment son caractère moral ; ici c'est de l'Ecrivain, non de la personne dont il s'agit. Examinons donc quelques traits pris au hasard & seulement entre ceux qui peuvent être appréciés par le simple raisonnement. Mais pour être utile, il faut éviter jusqu'à la plus légère apparence de préoccupation ; l'on s'astreindra à n'employer que ses propres expressions, & à citer exactement les pages.

L'ouvrage commence par une introduction où nous apprenons, pages 3 & 4, *que tous les peuples ont dû à l'Inde leurs Lois & leurs Religions... On sait*, dit-il, *que tous vinrent y puiser les élémens de leurs connoissances. Les Bacchus, les Sémiramis, les Sesostris, les Alexandre, & tant d'autres avant eux, n'auroient pas porté leurs armes dans l'Inde s'ils n'y avoient été attirés par la célébrité de cette Contrée.* C'est une étude curieuse que celle de la haute Antiquité ! Notre siècle dégénéré ne voit plus de ces troupes de deux à trois cents mille apprentis Philofophes qui, les armes à la main, & ufant fans façon du bien de leur prochain, alloient à quelques mille lieues *puifer des élémens de connoiffances*. Qui ne jugeroit du paffé que par le préfent, auroit dit qu'en fuppofant probables ces invafions, elles ont été occafionnées par la foif de l'or, & non par celle de l'inftruction.

Le premier Chapitre de l'Ouvrage préfente, *le Tableau des révolutions arrivées dans l'Inde depuis 1763 jufqu'à la prife de Pondichéry en 1778.* Une vingtaine de pages étant plus que fuffifantes pour cet objet, l'on y parle non moins particuliérement de ce qui s'eft paffé bien des années auparavant. Quatre à cinq phrafes donneront une idée de cette nouvelle façon de faire connoître les grands évènemens. Voyez page 8, Chapitre premier, ligne première. *Un pays auffi vafte que l'Inde ne pouvoit refter long-tems fous la domination d'un feul homme... Les canons, plutôt que la politique, ébranlèrent le Trône du Mogol; ils rendirent ce Prince efclave de fes fujets rébelles, & des Européens qui purent pénétrer dans la Capitale de fes vaftes Etats.* De favoir fi les canons plus que la mauvaife politique ont ébranlé l'Empire de Delhi, c'eft une affaire de raifonnement & d'opinion; mais prétendre que l'Empereur Mogol *eft devenu efclave des Européens qui purent pénétrer dans la Capitale de ses vastes Etats*, cette assertion est neuve. C'est un fait notoire que jusqu'aujourd'hui en 1783, aucune force Angloise, Hollandoise, ni Portugaise, n'a jamais pénétré dans Delhi. Il est vrai qu'en 1758, après la prise de Chandernagor dans le Bengale, M. Law de Lauriston s'y rendit avec un détachement Européen, mais il y étoit appellé par le Mogol lui-même. Il s'ensuivroit cependant de cet exposé, que c'est de cet Officier François dont cet Empereur *est devenu esclave*; anecdote dont personne n'avoit encore oui parler.

Même page 8, *chaque Nation Européenne a voulu*, dit-il, *se fixer d'une manière exclusive sur les bords du Gange... Les François prodiguèrent le sang & les richesses pour s'y établir solidement; peut-être ils y seroient parvenus sans les divisions entre Dupleix & la Bourdonnais.....* Il est très certain que jamais les François n'ont tenté de conquêtes sur les bords du Gange, mais à environ trois cens lieues de distance, à la côte de Coromandel : c'est-là qu'ont eu lieu les divisions entre M. Dupleix & la Bourdonnais ; ce dernier a aussi fait la guerre à la côte de Malabar, partie de la presqu'Isle qui en est encore plus éloignée. Si notre Auteur par le Gange a voulu désigner toute l'Inde ; dans ce cas une note eût dû déterminer le sens d'expressions qui dans une histoire en prose ne peuvent qu'induire en une erreur grossière.

*Voyez page* 13. *Dans les troubles de l'Indoftan la Capitale du Tanjaour étoit la feule qu'on eût refpectée ; par cette raifon elle étoit devenue le dépôt des richeffes de cette vafte contrée. Ces tréfors accumulés réveillèrent la cupidité des Anglois...* Il y a eu dans l'Inde des Villes célèbres, privilégiées telles que Benarés, mais perfonne, que je fache, ne s'étoit douté que la Ville de Tanjaour, capitale d'un Canton fertile, mais très-borné , & dont à peine on connoît le nom à cent lieues de diftance, ait été le *dépôt des richeffes de la vafte contrée de l'Indoftan.* Quant au refpect que notre Voyageur prétend que ci-devant l'on avoit eu pour cette place ; il eft étonnant qu'il ait ignoré qu'elle étoit tributaire des Mogols depuis le tems d'Aurengzeb ; & que, fans parler d'autres guerres poftérieures , elle a été attaquée feulement par les François deux fois, en 1749 & 1758. Sa prédilection pour cette province s'étend à tout ce qui en dépend ; ainfi, felon lui, page 22 , le Comptoir François de *Karikal pourroit devenir le Grenier de l'Inde* ( Il a voulu dire de Pondichéry ). *Les maifons Indiennes y font plus propres & mieux bâties que dans aucun autre endroit ;* cette phrafe pourroit faire préfumer qu'il a admiré le Tanjaour fans l'avoir vu ; en effet, ce pays renferme quantité de Villes ou Bourgades plus propres & mieux bâties que Karikal. Au bas de cette page 13 fe voit en note, *qu'un Brame ne peut être Roi ;*

[ 11 ]

la raifon eft que ceux de cette Tribu, même de
nation *Maratte*, *ne peuvent commander à des
Militaires*. Il faut cependant avouer que jadis il
y a eu beaucoup, & qu'il y a encore des Rois
Brames, fans compter *le Kolaftri*, dont l'Auteur
parle à la fin de fa note. Quelque chofe de non
moins connu, c'eft que la Cour de Delhi & plus
d'une fois auffi des Européens n'ont que trop été à
portée de retenir les noms de Brames Marattes,
Commandans en perfonne, & redoutables à la tête
de leurs Armées. Deux lignes plus bas, nous apprenons qu'*il y a fort peu de tems qu'Aider Aly-Kan
s'eft emparé du Maduré qui étoit gouverné par un
Roi Gentil.* Dans le vrai, il y a environ quarante
ans que les Mahométans s'en rendirent maîtres;
il y en a trente au moins que les Anglois l'enva-
hirent, & l'ont confervé fous le couvert de leur
Nabab Mahemet-Aly, dont le nom feul paroiffoit
devoir indiquer la Religion. Une Armée d'Aider-
Aly a pu, comme un torrent, dévafter une partie
de ce petit Royaume, mais il continue d'avoir
pour Maître le même Mahemet-Aly, Nabab An-
glo-Mahométan, qui jamais n'a été *Roi* ni *Gentil*.
Que de bons matériaux recueillis pour les Rédac-
teurs d'hiftoires Afiatiques!

Les évènemens arrivés fous les yeux même de
l'Auteur ne paroiffent pas avoir fait fur lui des
impreffions plus diftinctes: voyez page 15, le précis de faits qui déja ont été relevés par des Obfer-

vations imprimées dans plufieurs Journaux.....
*Les premières années du Gouvernement de M. Belle-
combe*, qui dans l'Inde remplaça M. Law de Lau-
rifton, *furent paifibles ; les François s'occupoient
à relever les murs de Pondichéry*. M. de Bellecombe
arriva en Janvier 1777, les Anglois fe préparèrent
à l'attaquer dès le mois de Juin 1778, & le
prirent en Octobre fuivant ; ainfi *les premières
années paifibles de fon Gouvernement* fe réduifent
à dix-huit mois; & ce qu'il y a de fingulier, c'eft
que cet efpace de tems fut précifément celui pen-
dant lequel on ne travailla point à relever les fortifications , parce qu'on attendoit de nouveaux
ordres du Miniftère. Deux pages plus bas , l'Auteur oubliant ce qu'il a dit de la réédification des
murs de Pondichéry , prétend que cette place prête
à être affiégée *étoit ouverte de tous côtés à l'ennemi...
Mais cinq mille Ouvriers ayant été employés aux
fortifications , en un mois les foffés furent creufés,
les remparts élevés , les baftions en état de défenfe,
&c.....* En un mois avec cinq mille Ouvriers
Indiens , avoir fortifié une Ville de plus d'une
lieue de circuit, fait élever fes remparts , treize
grands baftions , des glacis , un chemin couvert ,
des demi-lunes & redoutes , fait creufer des foffés larges & profonds, ce feroit affurément avoir
mis les inftans à profit ! Ce qu'il y a eu de défa-
gréable pour le judicieux diftributeur de ces époques & de ces faits , c'eft que M. de Bellecombe ,

qui a réellement fait une très-belle défenfe, n'a , dit-on, point du tout été flatté de voir employer à fon éloge un mélange de traits découfus, appartenant à lui & à fon prédéceffeur.

M. Sonnerat fe fera fans doute peu occupé de faits, de révolutions politiques ; les mœurs, les connoiffances , le génie des peuples étoient plus dignes de fon attention. A cet égard on voudroit lui reprocher de n'avoir fouvent que compilé & répété en d'autres termes ce qu'on trouve dans différens Ecrivains , fans les avoir cités. Quoiqu'il en foit , fon Ouvrage raffemble quantité de petites remarques toutes neuves & à lui abfolument propres ; en voici quelques exemples. Il déclare, page 29 , *que les Indiennes font communément laides , mal-propres & dégoûtantes , excepté celles de quelques Caftes qui ne font pas auffi ennemies de la propreté;* tous ceux qui ont féjourné dans l'Inde, difent y avoir vu de fort jolies figures; d'ailleurs peu de perfonnes ignorent que ces peuples fuperfticieux fent aftreints à des ablutions journalières ; refte à préfumer que notre Auteur livré à fes recherches favantes n'aura un peu plus particuliérement obfervé que ces femmes de Tribus abjectes, fervant à balayer dans les maifons Européennes; il eft certain qu'*elles font communément mal-propres & dégoûtantes.*

La page 37 , nous apprend que *les Brames de la côte Malabarre ne fe marient point, mais ont le privilége de jouir de toutes les Nairesses* (femmes de Tribus nobles) ; *c'est un avantage que les Portugais avoient d'abord obtenu, & conservèrent quelque-tems.* Que les Brames jouissent des femmes nobles qui leur conviennent, ce fait est très-indépendant de leur prétendu célibat : ainsi, selon l'Auteur, ces hommes dont la race subsiste par-tout sans méfalliance, n'existeroient dans cette contrée qu'en qualité de Voyageurs. Il le répète encore page 166 ; *on ne voit*, dit-il, *aucun ménage de Brames sur cette côte*, & cela parce que le *Dieu Vichenou jetta jadis ce sort que si quelqu'un d'eux mouroit dans ce pays, il reviendroit au monde sous la figure d'un âne.* D'autres Historiens, sans faire mention de Brames avec figures d'ânes, veulent au contraire que cette partie de l'Inde soit une de celles où la race Sacerdotale domiciliée est proportionnellement plus nombreuse, & où elle a plus de crédit. Qui croirons-nous? J'ai dernièrement proposé la difficulté à des personnes instruites par un long séjour ; je leur ai aussi demandé s'il étoit probable que des Européens Portugais ou autres aient *obtenu le privilége de jouir de toutes les femmes nobles* concurremment avec les Brames ; ces Messieurs n'ont répondu à mes questions qu'en haussant les épaules !

Voyez page 43, *c'est à Sesostris que les Indiens doivent, à ce qu'on croit, leur Etat Civil & Politique. Lorsque ce Roi s'empara du pays, il divisa le peuple en fept Claffes. . . . Ce font les Brames qui depuis changèrent les Lois & l'ancien Culte , & réduifirent à quatre les fept Claffes primitives. C'eft cette divifion qui fubfifte encore aujourd'hui.* Un Lecteur qui s'en fût tenu à la page 4 , eût cru démontré que *l'Inde a donné des Religions & des Lois à tous les autres Peuples ; que l'Egypte & la Grèce lui durent leurs fables & leur fageffe.* Un Savant a été frappé de l'oppofition de ces paffages , & a prétendu que pour être conféquent notre Auteur auroit dû réfuter l'opinion qui fait de Sefoftris le Légiflateur de l'Inde : cela eft vrai ; mais comme il y a auffi de fortes préfomptions qu'autrefois ces Peuples ont beaucoup reçu des autres, il s'en fuit que ce qui paroît incohérence d'idées , eft une preuve de prudence : ainfi de façon ou d'autre on rencontre jufte.

M. Sonnerat ayant prévenu fes Lecteurs des grandes reffources qu'il a eu pour connoîrre ce qui avoit échappé aux autres Voyageurs ; lorfque j'apperçus un Chapitre de *l'Initiation ,* page 64, je m'attendois qu'après avoir rappellé ce qui fe préfente à l'efprit de tout homme qui a lu , favoir que l'Initié fe baigne , jeûne , fait des prières, que le fecret lui eft fort recommandé , il donneroit enfin l'explication de quelques-uns de ces myftères ; point du tout , l'article finit par nous inftruire , page 66 , que *l'Initiation eft chofe fi facrée que jufqu'ici aucun Indien n'a voulu la révé-*

*ler aux Européens :* il faut convenir que fans beaucoup de recherches nous en favions à-peu-près
autant. Mais fi notre Auteur eft quelquefois réfervé
dans fes conjectures, il eft toujours difpofé à faire
part aux Gens de Lettres & aux Voyageurs des
lumières nouvelles qu'il a acquis fur les objets
même les moins conteftés ; par exemple, tous,
jufqu'à préfent, avoient été dans la perfuafion que
les Mogols de l'Inde font Mahométans de la Secte
d'Omar, ils apprendront, page 109, qu'ils *font*
*de la Secte d'Aly.*

L'on a vu ci - devant comment les Peuples
alloient jadis en troupes de deux à trois cents
mille hommes *puifer ou donner dans l'Inde des*
*élémens de connoiffances.* Des notions fur la Méde-
cine d'une Contrée fi anciennement éclairée, étant
recueillies par M. Sonnerat ne pouvoient qu'être
bien curieufes & bien intéreffantes. Voyez page
110. *Crédules à l'excès les Indiens donnent toute*
*leur confiance à un Empyrique qui fouvent étoit*
*Blanchiffeur, Tifferand, ou Serrurier, & qui faute*
*d'ouvrage fe fait Médecin... Prefque tous les Indiens*
*font Médecins ; il n'y en a pas de plus favans les*
*uns que les autres. Dès leur enfance on leur apprend*
*à connoître quelques fimples & recettes ; c'eft pour*
*eux une reffource dans la misère.* Citons quelques-
uns de leurs traitemens dans des circonftances
communes par tous pays. Voyez page 111, *fi*
*la maladie vient de la peau, le Médecin y applique*

*des*

*des cauſtiques qui la deſſèchent & la font excorier;
le lendemain il enleve quelques morceaux de cette
peau brûlée qu'il montre au malade , comme étant des
vers qui le rongeoient.* Même page ; *pour ſuppléer
à notre ſaignée , ils ordonnent la diète ; le malade
eſt obligé de reſter pluſieurs jours ſans boire , ni
manger ; enſuite on lui fait prendre des tiſanes
chaudes , l'inflammation ſurvient , augmente & em-
porte le malade.* Voyez page 118 ; pour la petite-
Vérole , après un traitement propre à provoquer
diverſes maladies graves , l'on finit par des *bains
froids qui ſouvent cauſent des cours de ventre , con-
vulſions , toux , oppreſſions & finalement la mort.*
Leurs recettes pour la Rougeole n'ont pas de moin-
dres vertus ; l'Auteur parle d'une de ces maladies
épidémiques qui courut avant ſon arrivée dans
l'Inde ; *tous ceux qui furent traités en règle mouru-
rent.* Même page ; *pour accouchement, l'uſage eſt
de laiſſer trois jours une femme ſans lui faire prendre aucune nourriture ſolide , ni liquide ; on lui
donne ſeulement des tiſanes aromatiques ; ce remède
deſſèche le ſang, d'où réſulte une inflammation dans
la matrice ; la malade meurt le huitième ou neu-
vième jour.* L'on a vu plus haut les puiſſans effets de
la diète Indienne , ici notre Obſervateur répète
en note que ce *régime ordonné dans preſque toutes
les maladies , conſiſte à reſter trois, quatre & cinq
jours ſans boire , ni manger. Cette diète occaſionne
des accidents graves & enfin la mort.* Ne s'agit-il

B

que de rappeller à la vie *une perfonne évanouie*, voyez page 120, *ils lui frottent le coin de l'œil avec du lait de cali ; la caufticité de ce fuc ranime le malade qui le plus fouvent en perd la vue*, &c.... Tout cela eft infiniment curieux. Refte feulement à nous apprendre comment, avec de telles recettes qui religieufement fe font *tranfmifes de père en fils*, cette vafte Contrée n'eft pas encore un défert ?

C'eft une belle chofe & bien utile à un Voyageur que la connoiffance des Langues ! M. Sonnerat, qui fans ces moyens n'auroit non plus que les autres rien fait qui vaille, a confacré un Chapitre à fixer nos idées fur huit ou neuf des langues ufitées dans la prefqu'Ifle de l'Inde ; rien de plus précis. Voyez pages 125, 126 & 127 ; *depuis la côte d'Orixa jufqu'au Cap Comorin, & delà jufqu'à Cochin, on parle Tamoul. Les Savans écrivent leurs Ouvrages en Verfets, ce qui les rend inintelligibles pour le commun des Indiens, qui favent parfaitement lire. A la côte d'Orixa on parle Talinga, langue qui diffère du Tamoul par les caractères & la prononciation. A la côte Malabarre on parle une autre langue. Dans le Nord vers le Guzeratte, on parle la langue Indou, qui a peu de rapport avec les précédentes. Dans toute l'Inde, outre le langage du pays, on parle le Maure & le Perfan, langues que les Mogols introduifirent lors de la conquête. La langue*

*Samfcroutam eft la plus étendue. La Tamoule eft fans contredit la plus defectueufe ; ce dont on pourra fe former une idée par le précis qu'il donne d'une Grammaire imprimée à Trinquebard, ( Colonie Danoife ).*

Cette Ville ( l'Orient ) eft remplie de Gens qui ont été dans l'Inde. J'ai entendu plaifanter des fubtiles recherches de M. Sonnerat , parvenu à découvrir que toutes ces langues fe parlent & s'écrivent différemment. L'on eft étonné qu'il paroiffe avoir ignoré que l'Indou , plus ou moins enrichi de mots Arabes & Perfans, eft le même que le Maure , ce dernier nom lui ayant été donné par les Européens, parce que les Mahométans le parlent. Comme il n'eft guère poffible de concevoir qu'un homme qui a feulement parcouru quelques Ouvrages fur cette prefqu'Ifle , ait avancé que *les Mogols , lors de la conquête , y introduifirent leur langue*, que l'on fait avoir été le Tartare, & ait ajouté qu'outre les dialectes du pays, cette langue *introduite eft parlée dans toute l'Inde*. J'ai foutenu qu'en cet endroit il y a faute de Copifte : j'ai fort infifté fur ce qu'il paroît favoir le Tamoul dont il a donné quelques détails, pages 127 à 135 ; l'on me répond qu'en cela même il a manqué fon but, & que ces détails dépofent contre lui. Cette langue Tamoule eft à fon avis, tellement défectueufe, qu'il affure que même *en la lifant parfaitement, elle eft inintelligible pour la plupart, & que bien souvent ceux qui la parlent ne s'entendent point entr'eux.* Cependant c'est la seule qu'il essaie de faire connoître un peu particuliérement ! Le motif de la préférence est simple, c'est qu'il avoit une Grammaire Latine & Tamoul imprimée à l'usage des Missionnaires, & dont avec un Interprète Indien, tout autre eût également pu donner le précis.

En défendant M. Sonnerat j'avois cité les Traductions qu'il prétend avoir fait de six ou sept petits Apologues & d'un Fabliau, placés pages 137 à 143, pour prouver que la *plupart des autres Fabulistes ont puisé dans cette source.* A cet égard, me dit un Officier, je me rappelle avoir lu, il y a quelques années un Recueil de Contes traduits de l'Arabe ou du Turc par un Interprète du Roi nommé M. Digeon; il y en avoit un intitulé *le Derviche*, dans lequel se trouve tout le Fabliau rapporté par votre Auteur, pages 142 & 143; mais de dire qui a eu l'honneur de l'invention, je laisse cet examen à ceux qui comme lui puisent dans les sources. Quoiqu'il en soit, il est certain, ajouta-t-il, que le goût de ces Apologues est fort commun dans l'Inde; j'ai eu à mon service un Indien qui, sans être un Lettré, en savoit bon nombre & sur-tout d'Historiettes tirées des Légendes du pays. Que n'ai-je bravement combattu le sommeil que me procuroient ces Contes, je pouvois sous sa dictée écrire, écrire; c'est une belle occasion perdue pour, en Europe, tenter auſſi de jouer un rôlet ſcientifique !

Naturellement un peu crédule & entier dans mes préventions, je paroiſſois encore à demi perſuadé que M. Sonnerat avoit au moins quelque intelligence des Langues dont il parle avec tant d'aſſurance. Tout-à-coup une autre perſonne prenant le maintien & le ton du Docte Sganarelle, dans le Médecin malgré-lui, me dit, *entendeȝ-vous le Perſan ?* Moi ! nullement. *Quoi ! vous n'entendeȝ pas le Perſan !* Non. Avez-vous remarqué, page 144, les figures des Roupies ( monnoies d'or & d'argent ) 1, 2, 3, 4, 5, 6, 7 & 8 ? Avez-vous conſidéré ces points, ces traits ſi ſingulièrement entrelacés? Eh bien apprenez de l'Auteur que tout cela ſignifie *en Perſan le nom d'un Nabab* ( Gouverneur) *ſes titres, les Provinces qu'il gouverne, & l'année où la pièce a été frappée.* Déja, comme M. Géronte, je m'écriois, que n'ai-je étudié une ſi belle langue ? Quand cet impitoyable diſcoureur me montra une Traduction de ces Inſcriptions faite par une main ſûre, la voici. *L'Empereur Chaalem défenſeur de la Religion de Mahomet a frappé ce coin à l'ombre de la bonté Divine ſur les ſept climats de la Terre :* l'année de l'hégire ſe voit enſuite; & ſur le revers eſt écrit le nom de l'endroit où la pièce a été marquée, avec l'année de l'avénement de l'Empereur au Trône. J'avois été dans la bonne-foi; je gardai le ſilence, & chacun rioit à mes dépens. Ho ! M. Sonnerat, cela eft fort mal de compromettre ainfi la bonhommie de vos Apologiftes.

La feconde & troifième partie du premier Volume concernent la Mythologie Indienne : l'on conçoit que pour notre Obfervateur tout devient clair. Mais ne pouvant nous diffimuler avec quelle légèreté il a parcouru ce qui appartient à ce bas monde, difpenfons-nous prudemment de monter avec lui dans l'Empyrée. Jettons feulement un coup-d'œil fur les moyens & la nature de fon excurfion dans les Paradis & Enfers des Indiens. L'on fait qu'après avoir précédemment averti de tout ce qu'il doit *à la lecture des Livres facrés, & à la converfation des dépofitaires des dogmes & des fciences*, il a modeftement déclaré, page 7, de fon Introduction, que fans la complaifance de plufieurs perfonnes inftruites, *il n'auroit pu donner qu'un ouvrage très-imparfait fur la Religion Indienne. Le hafard ne l'a pas moins favorifé, car ayant fait lire à un Brame favant, mais fanatique, la Traduction Françoife* d'un Livre fur cette matière, cet homme remarquant que cet ouvrage en donnoit des idées peu juftes, *fe crut obligé de lui en dévoiler les myftères.* Voilà de grandes reffources. Cependant il auroit pu ne pas tant fe fatiguer à confulter les Livres facrés des différentes Langues du pays, ne pas tant exercer la complaifance de fes amis, ne rien devoir au hafard, ni à ce Brame, fingulier en fon efpèce , & fi fort zélé pour que les Etrangers aient des idées juftes *des myftères de fa Religion* , que par ce motif *il s'eft cru obligé de les lui dévoiler.* Il n'étoit queftion , fans même fortir de Pondichéry , que de fupplier , ou les R. R. P. P. Jéfuites , ou les R. R. P. P. Capucins , ou M M. des Miffions étrangères , de lui communiquer quelques-uns des Mémoires qu'ils ont à ce fujet. Il auroit aufli trouvé en Europe toutes les mêmes chofes dans un grand nombre de Traductions, la plupart manufcrites. En tirant parti de ces petits fecours , il n'auroit eu la peine que d'extraire & rajeunir un peu les articles.

Lancer des farcafmes contre les préjugés d'éducation Civile & Religieufe, c'eft beaucoup , felon quelques Lecteurs , pour faire preuve de fupériorité de génie. S'il ne falloit que cela , à ce titre aufli notre Auteur viferoit à l'immortalité! à bon compte , le voilà qui compare , qui commente , qui confond les ufages Religieux Indiens avec ceux fur-tout des Juifs & des Chrétiens. Une note de la page 173 , donnera une idée de fon talent en ce genre. *Le Milan à tête blanche* eft dans l'Inde *confacré au Dieu Vichenou ; quelquefois on le repréfente monté fur cet oifeau. Or ce qui* , dit il à ce fujet, *l'a le plus furpris en examinant les Antiquités de la France , ce font deux bas-reliefs placés à l'entrée du Chœur de la Cathédrale de Bordeaux , dont l'un repréfente l'Afcenfion de notre Seigneur montant au Ciel fur un Aigle.* Les perfonnes qui jufqu'à préfent avoient confidéré ce grouppe d'Architecture gothique, n'y avoien tvu qu'un trait d'ignorance ou d'abfurdité. Mais d'après ce rapprochement qui ne fentira que l'Hiftoire de l'Afcenfion de J. C. où il n'a jamais été queftion d'Aigle, & la Légende du Dieu Vichenou, auquel on confacre un Milan, qui n'eft pas un Aigle, ont par cela même un rapport, on ne peut *plus furprenant.*

Enfin quittons le premier Volume, & reprenons haleine! Le fecond en une centaine de pages pourroit redreffer nos idées fur fept à huit vaftes Contrées dont on n'avoit eu ci-devant que des notions peu juftes & fuperficielles. La courfe eft rapide & longue; nous bornerons la nôtre à la Chine; ce pays eft le plus propre à intéreffer la curiofité.

Perfonne n'ignore que la défiance du Gouvernement Chinois s'oppofant à toute intimité de fes Sujets avec les Européens, tient ceux-ci confinés dans un petit local qui dépend de Canton; de forte que même *l'entrée de la Ville Tartare leur eft interdite*, comme l'obferve notre Voyageur; page 17. Cependant fans avoir eu aucun privilége, & n'ayant refté dans ce port que le tems néceffaire au chargement du vaiffeau fur lequel il étoit paffager, il a trouvé moyen en 36 pages de relever quantité d'erreurs fur ce vafte Empire, *en ne retraçant*, dit-il, *que ce qu'il a vu, ce que lui ont raconté les Chinois , ou ce qu'il a appris par leurs Traditions.*

Des Miſſionnaires dont pluſieurs hommes ſavans , ayant paſſé leurs vies dans l'intérieur de la Chine , étoient préſumés avoir été à portée d'écrire à ce ſujet quelque choſe de bon , ou de paſſable. M. Sonnerat qui d'un coup-d'œil , a tout mieux vu qu'eux , n'a pu ſe diſpenſer à la manière des anciens Orateurs , d'affoiblir d'abord le témoignage de pareils concurrens. *Les uns ,* dit-il page 2, *bornant leurs connoiſſances aux vaines ſubtilités de la ſcholaſtique pour compenſation des fatigues & perſécutions auxquelles ils ont été expoſés , ſe ſont fait gloire d'envoyer à leurs Compatriotes des relations étonnantes.* Quant aux Jéſuites , *ne pouvant conquérir le Globe par la voie des armes , ils avoient réſolu de l'aſſervir au nom de l'Eternel , c'eſt pourquoi ils ne ceſſoient d'exalter des Théocraties ( Tel eſt le Gouvernement Chinois ) ; ſous cet Emblême ils vouloient déguiſer leur deſpotiſme ſacré ; c'étoit l'image du Gouvernement qu'ils brûloient d'établir dans toutes les Contrées.* En deux mots les Miſſionnaires ne ſont *tolérés* en Chine , ſelon notre Auteur , qu'à titre d'Aſtrologues & Faiſeurs d'Almanachs.

C'eſt un point non conteſté que les Chinois , malgré leur ardeur pour le travail , ſe montrent peu capables de ce qui exige une certaine application ou contention d'eſprit. Un coup-d'œil décide qu'ils font Peintres & Sculpteurs très-médio-cres. Tous nos Marins affurent qu'à Canton le peuple eft fripon , cérémonieux, infolent & lâche. Ainfi il faut convenir que les relations de plufieurs Miffionnaires paroiffent inconféquentes , lorfqu'après avoir avoué en détail , fur-tout pour quelques Provinces , la plupart de ces faits; ils n'en parlent enfuite en général qu'avec une forte d'enthoufiafme. M. Sonnerat toujours convaincu que rien n'eft plus propre à diffiper l'erreur qu'un concours de témoignages , n'a cru pouvoir mieux faire que de répéter à cet égard ce qui a été dit par d'autres , & fur-tout dans le Voyage de l'Amiral Anfon. Comme de plus il a déterré des vérités neuves & négligées qu'il oppofe aux expofés, faux ou hafardés, de tous les Ecrivains précédens; nous citerons quelques-unes de ces découvertes.

Les Miffionnaires ont prétendu que la Ville de Canton , en y comprenant celle fur les bateaux & celle des Tartares , contient au moins un million d'ames ; notre Obfervateur déclare, page 14, avoir *lui-même vérifié cette population ; or quoiqu'en un tems de Foire , il n'en a pu trouver que foixante & quinze mille.* Affurément nul autre Ecrivain, pour contredire des relations antérieures fur le nombre des habitans d'une grande Ville, n'avoit pouffé le fcrupule jufqu'à compter les allans & venans *en un tems de Foire!*

L'on a dit & redit en Europe que le mobile

du Gouvernement Chinois étoit que le Prince se considérât comme Père de ses Sujets. D'ailleurs, qui que ce soit n'a avancé que ce grand principe ait empêché des abus d'autorité de s'introduire dans l'administration. Eh bien tous nos préjugés à ce sujet sont d'une fausseté inconcevable ; voyez les pages 19 à 22. *L'autorité de l'Empereur est sans bornes... Quand il sort, celui qui se trouve sur son passage ne peut éviter la mort qu'en tournant le dos, & se jettant la face contre terre... Il marche précédé de deux mille bourreaux... Les plus grands Mandarins portent toujours avec eux les instrumens de leur supplice, ce sont des chaînes & un coutelas... Si l'Empereur les mande, ils sont obligés de paroître couverts de chaînes... L'esclavage s'étend jusques aux Princes du sang.... Un Chinois n'a pas la liberté de réclamer les Loix...... On achete le droit de commettre des crimes.... Un Mandarin passant dans une Ville, cent bourreaux sont ses terribles avant-coureurs ; il fait arrêter qui lui plaît pour le faire mourir sous les coups, &c.*

M. Sonnerat, après quelques exclamations contre ceux qui ont vanté ce Gouvernement, & subsistant depuis des milliers d'années, & auquel les vainqueurs ont toujours fait hommage, mais qui, selon ses exposés, est le plus absurde & le plus infernal qui ait existé, assure pages 21 & 22 que *ces faiseurs de relations qui pour composer l'éloge des Chinois ont déguisé des faits réels, leur ont attribué gratuitement des coutumes horribles ;* par exemple, les perſonnes qui ont voyagé en Chine, Miſſionnaires, ou Laïcs , ont avancé que par-tout l'Empire , & à Pekin même , l'on jette à l'eau , ou à la voierie les enfans nouveaux-nés que l'on ne veut pas éle-ver. Le Père Amiot , Jéſuite , dans une lettre de 1777, laquelle a été imprimée , avoit déja eſſayé de diſculper le gros de la nation Chinoiſe du crime d'infanticide toléré , en inſinuant qu'il ne ſe commet que dans les grandes Villes, & par ce qu'il y a de plus vil. Mais notre Auteur a vérifié que ce *reproche eſt ſans fondement :* il a même découvert ce qui a donné lieu à cet affreux mal-entendu ; voici de quoi il s'agit. *Tous ceux de ces enfans noyés qu'il a vus ainſi paſſer au courant de l'eau, le long des vaiſſeaux , avoient une calebaſſe vide attachée au dos :* lui auſſi-tôt s'eſt bien douté que ces petites créatures *étoient tombées par mégarde ,* & que cette calebaſſe n'étoit qu'une précaution de ſollicitude paternelle imaginée *afin de les faire ſur-nager & leur donner du ſecours, lorſque cet accident arrive.* Ce raiſonnement fait honneur au cœur de M. Sonnerat. Néanmoins comme ces peuples ne ſont guères accuſés de ce crime qu'à l'égard des nouveaux-nés , l'on pourroit dire que cette ſolution eſt étrangère à ceux que l'on trouve encore vivans jettés à la voierie ; que d'ailleurs pour empêcher un enfant de ſe noyer , le dos n'eſt pas la partie du corps où il faudroit attacher quelque choſe de léger. Il ſeroit en outre aſſez ſingulier que tous ces petits Chinois à peine au monde & chacun avec leur *calebasse sur le dos*, s'en allassent *par mégarde tomber dans les rivières.*

Quoique ce peuple n'ait jamais passé en Europe pour fort savant, & que l'on ait appris que les Missionnaires ne sont admis dans l'intérieur de l'Empire qu'à cause de la supériorité de leurs connoissances ; l'on s'étoit cependant habitué à croire que quelques Lettrés, & sur-tout le Philosophe Confucius, avoient solidement cultivé l'étude de la morale. Encore ici M. Sonnerat veut que nous revenions sur nos pas. Il décide page 29 , que *ce grand Législateur qu'on éleve au-dessus de la sagesse humaine, & que lui compare à Nostradamus & au Juif errant, a effectivement composé quelques Livres de morale, qui ne contiennent qu'un amas de choses obscures, de Visions, de Sentences, & de vieux Contes , mêlés d'un peu de Philosophie..... Enfin ils sont pleins d'absurdités , quoiqu'adorés... Quant aux manuscrits que les Missionnaires nous ont envoyés pour être des Traductions de ses Ouvrages , tous ont été faits par eux.* Cette déclaration est précise ; de non moins péremptoires, dès la page 3 , avoient frappé toute la Littérature Chinoise. Pour anéantir les Livres historiques de ce peuple, deux mots avoient suffi. *A peine avons-nous,* dit-il, *une seule Histoire générale du Pays que nous habitons, & l'on nous en offre une de cet Empire , prétendue traduite de l'original.* Dans le vrai pour qu'elle remontât à des tems extrêmement anciens, il faudroit donc supposer que des Asiatiques, des Chinois se seroient avisés d'écrire en ce genre avant les François ! Une objection si pressante demeurera probablement sans réplique ! Quant au procès fait à l'authenticité des Livres de Confucius & autres connus en Europe, il ne reste qu'une petite difficulté à éclaircir. Nos grandes Bibliothèques possédent des milliers de ces Ouvrage ; or plusieurs Savans Européens, Laïcs, entr'autres M. de Guignes, Membre de l'Académie des Inscriptions & Belles-Lettres, ont traduit de cette langue des pièces qui ne semblent point absurdes. Notre Observateur auroit dû faire savoir par quel enchantement les Missionnaires, en gardant l'*incognito*, sont devenus Auteurs de ces Livres bons ou passables, circulans dans un aussi vaste Empire. En effet les Exemplaires imprimés, & non simplement *manuscrits* qui, à diverses époques ont été apportés en Europe par des particuliers de différens états, se trouvent conformes entre eux. Que de choses neuves & curieuses on découvre en voyageant comme M. Sonnerat !

Ces deux Volumes sont terminés par des descriptions de quadrupedes, d'oiseaux & de plantes. Il auroit été à désirer que l'Auteur ne se fût livré qu'à suivre & approfondir l'Histoire naturelle, feule partie qui lui foit vraiment propre. Alors, au lieu de ces petits tableaux, où il mêle & confond les évènemens & les coutumes, où il rajeunit de vieilles fables, enfin où il décide en quinze à vingt pages du fort & de la réputation des Empires, il fe fût diftingué dans une carrière très-intéreffante, & dont les bornes peuvent être journellement reculées. Mais qui veut avoir tout vu, tout fu, ne doit être fouvent que plagiaire ou romanefque : en un mot, même avec le projet de ne dire que des vérités, il faut perdre en jufteffe & en profondeur ce que l'on gagne en fuperficie.

J'ai l'honneur d'être, &c.

F I N.